© 2016 alex k.
Herstellung und Verlag:
BoD – Books on Demand, Norderstedt
3. Auflage Dezember 2016
Printed in Germany

ISBN 9783734795398

SUICIDE

by

alex k.

> ...warum sterben um zu sterben ?

...besser im stehen sterben
beim versuch das leben wiederzugewinnen
...ich hatte zeit zu verstehen
das die bereitschaft zu sterben
die einzige kraft war die ich mir aneignen
konnte um mein schicksal zu wenden

Michel Vaujour

wahnklar mein denken

leiser als stille

mein gehirn treibt in das
hochgeschwindigkeitsgeschoß
rasendpräzis

aus
ende
anfang

s a p h i e r e n e s   l i c h t

wahn meint : ein segment klarst sehen

leise : vorfinanziert
zeit schreibend verschwelgen
abgang gesund

und .

er stirbt in den ersten zeilen
einen toten wieder lebendschreiben
gloriose dichte

die kehle als einstieg
oder schönst formuliert
das dreigespann
die wahren geschwister dieser welt ?

koitaler einstieg
verwirrend aber mitnehmend

der letzte traum   ehe ich den der ich war
abschoß ...?

> es ist alles so unmöglich solang man am
leben ist

Werner Schwab

> es ist ein furchtbarer schlag auf den kopf...

Michel Vaujour

...der ich war dachte... ..in die schläfe
auch...?   ...ein schlag ?

schläfe - schlaf

weiches bein   nein
kein schlag

nur endlich

schlafen .

alles   alles meint alles   alles kennt keine
ausnahme.
alles hier   war nur für den moment

aber seltsam immer noch: es ist bis in den
letzten unverputzten spalt alles echt.

und : immer noch : wunderüberschwemmt

wunder

wunden

die umschiffung des scheißemeers der
unaufrecht gehenden   eine sinnlose fahrt
doch unflüchtig hieße dortzuschwimmen

ein platz ohne gewalt   ohne falsch
ist ein ort ohne menschen

j e t z t   und das nur aus kühlem
rationalökonomischem kalkül ob
zeitgeographischer seinssequenzen

die reichen sind ohnehin allerlängst
verstreut in allen himmeln

schwebend schlafen

zurück zum anfang

nachdem ich die nähnadel aus dem
heuhaufen gezogen   und das kamel
herausgefädelt habe
fühle ich mich soweit exorbitiert
in die ruinen dissonanter reserviertheiten
vorzudringen   die inwendigst meines
seelenlandes   des längsten tages lang schon
darauf warten   in ehrenvollen stürmen eines
hübschklugwarmen feuerwerkes seziert zu
werden

geschildet durch postmoderne listigkeiten
die der der ich war einst selbst eingeflochten
zum schutz   :   vor dem
der ich sein werde

ehsich der der ich bin lösen kann
muß er zuerst sich selbst erlösen   also

alles nicht zum glück

imaginationen
illusionen bauen uns den hinterhalt in dem
wir zerbrechend verenden   .

andrerseits : wünsch dir was du magst
im moment ist es das neue jetzt geworden
du drehst dich um   gehst anderswo hin
und im augenblick noch   ist es heimat

unbelastet unhinterfragt

ewiggleiches fakegame mit sich selbst.

sightseeing
sightliving

nach dem wahnsinn   kommt müdigkeit

und :   naturally
mengenkonzentrierte unzuversicht
und das   in all der
unerbittlichunerschöpflichen mechanik
irdischer zumutungen
und das mitten d a r i n

augenblicke an klarheit
wenn dünste von fenstern weichen
nanomomente in klarheit
und abermals eisesblumverfroren

glückskoeffizientenrechnungen
glückskoeffizientenrechnung .
ende des roulettes
falsifizierung letzter gedankengänge

verifizierungen verifizierung .
ein durchlässiges las vegas   für alle

selbst die wachen schlafen
ist die zeitkoordinate lang genug
ist jedes adresse   der tod
fight club

sonst hier noch ?
lust zwiebelkonfitüre aschenbrot

keine restromantik bietet in mir acker

eineinzigeinmal noch bin ich in tiefsten trieb
geraten   als wäre ich der zenmeister darin

ja   konfrontiert   j e t z t
mit dem allerersten stock   dem souterrain
den kellern

> ...magst du in meinen mund mit mir
schlafen ? fragt sie

und ich mag ihre schöne sprache

meine oberschenkel in ihren kniekehlen
fasst sie mich mit beiden händen
> stoß so tief du magst ...   und eh' ich in
ihre tausend heißen zungen tauche
nimmt sie eine hand von mir
legt diese hand   an meine hüften
und treibt mich t i e f s t in ihre k e h l e n
. . . überaller metaphysik
berührung ungekannter klänge
terratrilliarden sterne & wieder t i e f s t
eng .

all galaktischste lust die hinter mir lag
war hierin deklassiert

ich bin da   für diesen kleinen todmoment
> inmitten der kunstpostkarte   *CARA*

danke für den auftrag

...aber wart mal   ...warum war ein furz so
lustig im gehör ... reizte stets zum lachen
weil luft
luft ein gottesgleichnis ...und man furzt da
jawohl am .

zurück ins jez

endlosfassweinselbstamnesie
...kein habsburger in sicht der mir befiehlt
mit dem saufen aufzuhören
und wenn...   ja sagen
warten bis er gehtweitermachen

milliarden von artgenossen ...dennnoch
> lebenslängliche einzelhaft am inneren
uns'rer haut...   *Jack Unterweger*
die gier einander schlachtender horden
nicht mehr ignorierend   danke Karl K.
und Niedrich Frietzsche alles liebe im
einzigartigen grab   aber ich denke nicht
das jemand namens GOTT tot ist

die welt würd' vergessen helfen
immer kommt was ...wir wissen   immer

woandershin
weil verlässlichst eben das langweilt
natürlich   wenn im moment der
wahrnehmung sich die matrix im gehirn
exempliert
naturally.

> hoffnung ist etwas für idioten

Krzysztof Kieslowski

    hoffnung   ein destillat aus irrsinn .

" love " parade / Duisburg   21 TOTE
perfekt

platz des " himmlischen friedens "
panzerketten menschenbrei

tadellos .

> whats all in the name of love   *Bono Vox*

read the signs

der kern des schmerzes
ist der keim des todes

...in den morphogenetischen feldern
....funkstille
oder ist es dieser alkohol
der aus riesigunverbot`nen fässern durch den
läuft   der immer noch ich bin

altwerden : nicht für weichduscher

keine angst : fettes wort .

ich wußte das dieser tag kommen wird

jeder weiß
keiner will

> ...doch wenn keiner weiß was er verlässt
warum verlässt er uns denn nicht beizeiten...

William Shakespeare

...und :
wohnt nicht *j e d e m* anfang zauber inne ..?

(...!)

eben   genau e x a k t j e z
mich w i e d e r neu erfinden
w i e d e r w i e d e r w i e d e r w i e d e r
& : wie oft wieder
der welten niemals   doch manchen namen
allens müd ...

nichts an einkommen in Würde
in halbwegs welchereiner

müd .

die verstehen das wort nicht   die
die sich tun   in überheizten bürorollstühlen
die ...mit denen ich reden nie gewollt

korrupte > vollzugsbüttel   *Walther Rode*
im amte der angst

mit sowas
nie reden   was auch

>...und natürlich kann geschossen werden

Ulrike Meinhof

sonst, empfindet er wenig   noch

die anthropologie forscht in der verkehrten
richtung schrieb ich mal
und : ihr, der götter mißlungenster feuilleton
ihr, inbegrifflichkeit kardialer diskordanz

meint ich mich dazu

ja   wir müssen gehn   wir w o l l e n
                    oderdavorbeamtetgeschont

das einzig wahrhaft gute : malen
uringestülp abstellen
LACHEN
für stunden so manch heißer leib
manch seelenschwester
die stunde eines freundes   und LSD
dazwischen darin sortieren dir die
denunzianten den rest der zeiträuber aus
dem adressregister   gut
aber vorsicht : lügen sind selten verortet

sie sind über all   über allem   die lüge selbst
sowie der lügner   sind wahrhaftig

doch nun   kein bedrücksal
neid & leergut sprießt wie löwenzahn
alles ist wie immer alles normal nach norm
und nichteinmal muß ich töten
denn ich bin mit mir einverstanden

ein verstand

> der sinn des lebens liegt außerhalb des
lebens
                                                Pascal

> ...im nach dem TOD ...was werden wir
sein ?
                                                T. Bernhard

*... das bis wohin wir es geschafft haben, im sinne
der wahrhaftigkeit*
*... das bis dahin wir es geschafft haben, im sinne
der wahrhaftigkeit*

> nur gott braucht keine ironien   *E. Jünger*

und an dieser stelle : halt ein !
was sollen diese stuxbacheln, diese
buxstacheln ? stuchbaxeln buchstachseln
diese stuchbabeln dieses spruchbabbeln ?

> alles geschriebene ist schweinerei
                                          Antonin Artaud

sogarselbst hier wärebin ich angehalten
eine letzte kausalität herzustellen   um dem
allerletzten vorendlichen chaos sinn zu
extrahieren   und doch nur : *m e i n e n*
zwei buchstaben : j & a
die antwort ist : JA
es ist zum abservieren
wie passend   an diesem ort im zeitgefüge

der   der eben noch ich bin   irgendwie
er ist nicht der erste davon in kunde :

> alles geschriebene **ist** schweinerei

man ist näher sich selbst
alles andre entfernt sich gleichen maßes
vorbei mit dummem lärm
und nichtsmehr heiligschöne mäntel von
stille zerbricht

ja : > alles geschriebene war schweinerei

was habt ihr erwartet ? ...

der wahnsinn **ist** destillat aus betrachtung
des seienden
mancheiner hat keinen saumagen sich darin
wohlzufühlen
uns selbst unbekannt   in eine unbekannte
welt gesetzt   begreifen könnend
das wir es nicht begreifen können

> der mensch ist freigeboren und überall
liegt er in ketten   *J. J. Rousseau*

und wer meinte   > ... was wenn gott selbst
sich als unser längster irrtum erwiese
wurst
wir sind in die ewigkeit genagelt   wie der
am kreuz   diesvon abgesehen :

> es gibt keine tatsachen
   nur interpretationen .   *Nietzsche*

endlose diskurse der schwatzenden klasse
voll sinnfreiaufgesetztguter laune
eingestreut   der dreck in der mitte
                    unten : schlamm
niejemals herrschaftsfrei
> ...nur abschaum schwimmt i m m e r oben

Viktor Gernot / Hektiker

gehorsamkeitsparadigmen durchbrechen
heißt : neid   in deinem rücken
n i e j e m a l s in dein antlitz
guter alter solider österreichischer n e i d
zuerst anfeinden   dann nachmachen
ihr *w i s s t* wovon ich spreche   & doch :

> nichts ist wahr oder falsch   es liegt an der
farbe des glases durch das du blickst
               unbekannter Autor

vergessen   das das licht   durch die augen
ins herz fällt   kreislauf unterbrochen
das unsichtbare   hat kein ankommen
                 unbekannter Autor

und das einzige   das helfen würde
gegen alldie bösen kosmischen einflüsse :

> e i n s c h u t z s c h i l d
                a u s   s c h ö n h e i t

Sun Ra

zersiebt

selbst eine götterbeschimpfung wär obsolet
gleichsam der adressaten " plan "
nur magsein einsnoch :

> zäune um meine gedanken
    damit die schweine nicht einbrechen
Nietzsche

und das einzige substrat aus diesem nebel
das zu bestand wird : nekrophilie

was andres / dasselbe :
auch wenn man nicht allzu genau hinsieht
riecht man das arschloch einen moment
durch die augen
die andre seite des angenehmen :
warme haut schweigender mensch hingabe

und dann : trilliarden sterne verkohlen im
moment noch ... mit ihrem lächeln.

> Alex, das ist ein planet für idioten
meint Vic zu mir

> Vic, es ist ein planet für idioten für affen
und für schweine .

und nichts tut die kraft des guten
außer die guten irgendwann zu verlassen .

und jede entscheidung ist verkehrt
jedwed welche
dechiffrierung der sinnabwesenheiten
des grundlegenden u n z i e l s
boden für das tier   himmel für götterheimat
dazwischen :   **wir**

keine (an teilnahme
weltungeborener ich
in gelegenheitsparadiesen   artifiziellenzien

> ... noch aber ist april

Ougenweide

sobald es maiet :   inflation an
nymphomaninnen

die götter sind von hier   blutleere penner

> das glück   ist eine kalte maschine

Georg Danzer

                    alle erden sind kot
                    alle erden sind kot

        a l l e   e r d e n   s i n d   k o t

h e i ß
heiß ist sie   h e i ß
ganz banal heiß   immer
alle nässe aus ihr
alle nässe an Adelheids hinterbacken und
schenkeln hinab   ist   h e i ß
zwölfmal hochgepumpt   mir war
als würde ich niejemals wieder aufhören zu
ejakulieren   i.n u.n.s.e.r.e l.u.s.t
f.r.e.u.d.e.n.n.e.k.t.a.r g.l.ä.n.z.t h.a.u.t
n.a.s.s b.i.s a.n i.h.r k.n.i.e e.w.i.g h.e.i.ß

ein grund zu bleiben ?
                              nein. abschund
     z u o f t

lösungen innerhalb des kategorienschemas
ergeben sich sinnlos   nicht anwendbar

> und die romantik
            blamiert sich an der wirklichkeit
                                           C A R A

mich selbsthändig verortet   jenseits von
macht und staat   jenseits aller
hierarchischer UN)ordnung   und so
jenseits kollektivstummer vereinbarung
zu normverhalten

  > jenseits der wegwerfgesellschaft

                                    Brigitte Adam

die aufruhr   nährt sich an erlitt'nem unrecht
auch jenem   das ich mir selbst tat
und a l l e s   wurde zu aufruhr

doch der wille ist nicht zu wollen
so auch kein andrer
die einzig heimat innerlich: ein traumland
aus der traumlandschaft des anderen :
das wort eines freundesmenschen
e i n e s   d a s   h i e l t .

nur darin   und   dem " zufall "
ist der zauber und die botschaft mit
wiederholung   zauberlos   stumm

lebenslange flucht in den einzigen freiraum
den andauernden " zufall "
...hinan zur quelle   aus der es zufällt
: die kunst   ikone der atheisten
das in sie geworfen seyn *m ü s s e n*
selbst sie   verkommt   zum resonanzlosen
dekor   es bleiben :
freiheitsgrade von zwängen
auch von dem   leben zu *m ü s s e n*
am ende das keines sein wird :
schlösser auf sand   nackt   ohne kraft

> ...und ich begriff .... das ich mich und
die welt satt hatte   wenn ich mit meiner
vorstellungskraft am ende war   *A. Artaud*

und im nächsten traum ermorde ich einen
" botschafter "   begrabe ihn im flusslauf
botschaft samt wasserbett
wer mag IN dieser erde sein ?

idioten. affen. schweine. soldaten.
veramtet

die schuld   waffenstahl
alles wiegt sich auf im nichts

> ...wenn wir die verletzungen der
vergangenheit mit uns herumtragen, so
trennt uns das von der gegenwart, der wir
uns jeden moment öffnen müssen

Michel Vaujour

naturel, oder ...gestatten sie mir ein
französeln: naturelment Monsieur Vaujour,
bloß :

die gegenwart
ist die vergangenheit von morgen

> ...warum die übel länger noch ertragen
  lieber doch   ins unbekannte fliehen

William Shakespeare

derfriedenistdervater der hübscheren dinge.

die zeit   arbeitet für die lethargie
& mein liebstes herz   lügt unerleuchtet
wie ein kind

...abdavon ... was denn   hieße   h e r z ?

> we need a busload of faith to get by
Lou Reed

ideale fallen   dann erst   ist ein unwirkliches
leben zu ende gelebt
unbekannter Autor

> eine niederlage ist nur
wenn man *s i c h* geschwänzt hat
André Heller

zukunft aufrecht denken
abrecht denken   ab brechen
die rechnung über den eignen kalten zorn
a b   r e c h n e n   eine sollrechnung

> der gekreuzigte ist des teufels sieg
denn ER ist tot
auf holz genagelt prozessiert   & ...da schau
...da feiern sie den sieg... s e i n e n !
meint einer...

> ...was nicht gesehen werden kann
      ... ist unvergänglich   *aus dem Buddhismus*

Jackson Pollock : 1,3 fraktaldichte konstant
unwirklich   doch gemessen wahr

drei technologien   handy - inet - credit card
in einem abgehandelt
totale menschenwacht   s e e l e n wacht
freiwilligst & selbst bezahlt weil **du** es willst
es brauchst   angstmenschin
control yourself

man sollt irgendwann im leben auch bereit
sein zu sterben   :::   finden sie nicht   ?
ach der gedanke bereitet ihnen
kopfschmerzen ...?   9 mm & raus damit

mit dem schmerz mein ich.

da wäägt noch einer ?

> die umschau nach dem ausweg ....
CARA

> und wer   wenn sie/er schriee   hörte
ihn/sie denn   aus der engel ordnungen

R. M. Rilke

einsam   aber darin nicht allein   all eins
paradigmatischer wille   karmakreise
aufzulösen   sonst   zählt nichts
weg hier.   achja, meinem überIch
noch einen tritt in den hintern, denn :
wo war seine leistung ?

> die landschaft ist bewußtlos geschlagen
und die musikalische musik aufgehängt

W. Schwab

die kabel baldsam durchtrennt un(d endlich
: die zeit steht still
                    dann   ruht sie in sich

Axit. ich werde ein haus sein aus dem
ich ausgezogen bin
freepoint : lösen sie ihr ticket
im übrigen : der wert einer voll
ausgeschlachteten leiche : 250.000 USD

doch vom rest war auch genug
es war genug   .

> it's an unlimited surprise   *J. Rotten*

> als christlicher maronit schreibe ich
natürlich auch über die
gastronomiegeschichte mitteleuropas
es gibt menschen die soetwas lesen wollen
& ich kann mich derweil um die mädchen
kümmern   ...sagt er
Christiana (taubstumm ...unter mir...
die schauspielerin am kopfteil des futons
...meine lippen an ihren ...während ich in
Christiana`s p.e.r.f.e.k.t.e. schönheit
immerwiederkehre ...

...C h r i s t i a n a ...dies zierliche geschöpf
wir kommen im gleichen moment   alle drei
wir sind die wahren geschwister dieser welt
und doch nur in diesem heiligen moment
morgen   schon nichtmehr

die götter sind tiere   wie wir
sie sind von hier
verantwortungsdiffusionen   die ortlosigkeit

> herausforderung des denkens
ist   das unverzeihliche zu verzeihen
Jacques Derrida

voran dem anlegen :
eine gewisse unternehmungslust ist für einen
entspannten abgang durchaus anzuraten
seelenruh   ohnehin
also : finanzplanakribie, denn : *denkesruh*
zeichnet die freiheitsgrade der gedanken
und g l ü c k davor : die pfaffenschwänze
blieben meinem kinderärsch´chen fern
...haben götter   oder ich selbst mich davor
behüt´   wer weiß   ...ich weiß es nicht
eh egaljez
zurück zum anliegen :
wenn die zeit der farben im nebelgrau
gefriert   und das meiste um dich längst
zumutung geworden   dann wirst du den
weg zur letzten wandlung austüfteln
typen wie ich tun das

mag jemand die lichtreise promoten ?

    ?   zu scharf die idee ...

Nitsch würdmal echtes sehen
keine orgie   keine mysterien

ich bin tot   doch ansprechbar

also spreche ich :

1.) zu " leben " geht nur   was in ihm lebt
(in ihm - selbstdistanzierende sprache / distanz vom zeitlichen zum ewigen) ...
...sind es denn " in der tat " zwei : luizder
werdendes leben   das sich aus gewohnheit
fortleben kann
und in ihm   behutsam nährend
den tod gedeihen lässt

2.) ein (selbstdemütigendes) system
nimmt sich aus einem (selbstdemütigendem
system

3.) im grunde   ein hyperbuddhistischer akt
    entsäkularisierung   exemtion   restfrei

4.)   was noch

5.)   wumme   ist warmes blut
      süß   und wärmt

5.1.) wer schießt wen ins l **ich** t ?
                        das ICH mich selbst

6.) erwartbar : das lebenswichtigste organ
funktioniert tadellos   tadellöserdennje
> die leichte schulter   *unbekannter Autor*

7.) seele : lt. bankkontobedingtem
generalstabsplan der partikularen verödung
anheimgestellt . ziel : do not disturb
resonanzloses land

8.) ein metaphysisches geblüm   entgärtnert

9.) feed the rich

8.a)
   > ...der mensch is´ leichter ohne g´wicht

                                   Arik Brauer

Melinda   die croupiere
wird mit irgendeinem kollegen
in der kaffeeküche   den ehering am gehände
ihre kleine hurenlust erledigen

10.) mir ist alles zu zoo geworden

und man kann sie mit n i c h t s
nur mit messern verletzen
weil hinter der fassade
(nur ein n <u>i c h</u> t s   i s t

alkoholinsensibel in amusischer spannung
welchergebnis   hätteinerdenneinandres

WAS ANDRES :

es war der dritte zug von deep blue
der Garri Kasparow sein sinnuniversum
zerstieb   1967

ja   banale bedingung   banale wahrheit
banal
und offenbar das ende langen glücks
und glück war

der ich war   hat nie jemals eine
starkstromgitarre gebaut
und er war auch nie in Venezuela

                      wozu auch

der alkohol eint für einen augenblick
das meer der antagonien
alles darin   entziffert dechiffriert
als feindsames gefild

> alles   ist immer nur unkultur

György Talos

siege nur momentaufnahmen   kräfte
ändern sich   mitunter des momentes noch

die tastatur   baut mir den hyperrealistischen
raum   in dem ich als einzigem   noch sein
mögen will

also schreib ich   genau das hier :

> wir sind zusammen gedacht
unbekannter Autor

prosaische berührungen
vögeln rammeln stoßen nageln
f l o w   verkommen zu traurigen süchten
aus den dogmen des degressiven   wird
alles : zu gewinn   depressive hedonien
ez az igazság   das ist die wahrheit

in die kurze glut   von ♂ & ♀
regnen die aschen der verwertungslogik
und a l l e s ertränkt sich   im ozean von
erniedrigung & dem schmerz von v e r lust

> ich kann nur mehr im traum leben
Marina Iwanowna Zwetajewa

zutief   ist fremde   artfremde
artfremd vagyók
selbst außerhalb einer beschlossen
verschlossenen gesellschaft

> ...dressed in lies   *Billy Bragg*

un ansprechbar   erbärmlich
un aussprechbare erbärmlichkeiten
im stadium des erfassens

> ...denen ist es per irgendwas verwehrt ...
CARA

mein gehirn   nach all den exzessen porös
unsagbar viele ohne exzess   porös

dystopie
und auf meine eignen kosten noch dies hier
: perlen vor die säue

> ein frisch erschriebner brief   .
Brigitte Adam

wenn ich ein buch schriebe : abertausend
figuren könnt'ich simplicio nennen

so benannte Galilei jenen uneinsicht'gen papst
in sache : der wahrheit abzuschwören am
22. Juni 1633

> ...wenig blümchen zwischen den aschen
  die felder des leides übervoll
   zuallererst :
  wäre die lüge herauszunehmen

ja, C A R A
_{schönste aller blumen}

> im prinzip riecht es nach dem ende
 verscharrte herzen der rest
erdrückt von der kapitalistischen maschine

Wladimir Sorokin
gier & unflat

> wenn dein pferd tot ist   steig ab

unbekannter Autor

> die natur ist ein tausendstimmiges
gespräch in dem alles mit allem verbunden
ist   *Novalis*

die natur ist ein tausendstimmiges gespräch
in dem alles mit allem verbunden war

        > think again   *Billy Bragg*

und so gibt es nur einen einzigen weg
ein glücklicher zu bleiben > mutwillig,
mit hohem mut und starkem willen
die " lebenslogik " aufzulösen, und hinaus
aus diesem zwielicht der wirklichkeiten

                              Jean Améry

fort, aus einer im grunde grausamen natur
und jedwedwelcher moment   wird dem
der ich war recht & rechter
hierfortgehen ist denn ohnehin das
unausweichliche   des (hier seins
ich verändere bloß den zeitpunkt, eine
dekade der erniedrigung und des
dignitätsverlustes auszuschließen.
s e l b s t m a c h t ist meine antwort
dem elenden geschick der götter entgegen
denn : dem elenden geschick der götter
ist zu mißtrauen
diese > logik
ist freien herzens selbst zu brechen

alljene   die .... warten auf ihr " ende "
...oder verschämt hoffen noch hinzu
der tod möge sie " überraschend " ereilen
- oder gar im schlaf... wieviele von denen
werden f r e i gehen ?   ü b e r s o n n e n ?
sich selbst b e f r e i e t von allirdlich
magnetis ? und so gehend, heißt :
stärker sein, als dieses : " leben "
wieviele : bewußt SICH ?
geschweige denn ...gesund   ?
und einen hübschen, jemand den man mag
vor einer entwürdigenden situation zu
bewahren   ist f r e u n d e s p f l i c h t
abdavon geht doch jeder schlafen
wenn die party gelaufen ist   einspruch ?

\> ...vor dem " tod " in den tod fliehen
      vor der absurdität des daseins
         in die absurdität des nichts   *Jean Améry*

\> der sonnenuntergang hat noch in etwa
eine halbe stunde zu leben .
                                     unbekannter Autor

dem   der eben noch ich gewesen sein werde
dem verblassen die wege   werden absent
ihm hier   in diesem gefängnis mit blauem
himmel   absent durch absinth
und die proxemik betreffend   ...naja
g'radeaus auf die strasse blickend
von ihr abkommen ist *a b s e i t s des jetztes*

ich weiß.
...und ich weiß :

Anjas leben ist GIER   EWA´s " leben "
ist R A F F G I E R   sie will n i c h t s
auslassen   so ist sie stets in eile
sie mag will kann nichts versäumen   außer
Oskar Eierloch   er schwitzt und hat glatzen
überall   aber der ist sowieso in Tamara
Tatschtittel verliebt
und in die ergießt sich auch sein halbbruder
Oliver Eichelloch   bei gelegenheit   naja
so ist das hier   ein schweinestall
ein affenstall   ein idiotenstall   ein saustall
urwälder zwischen den ohren

...sie hebt die arme & zeigt die würmer die
sich aus ihren achselhölen an die luft räkeln
naßglänzend gelb und braun ...
 ...ihre nase ist seltsam verziert
als ginge sie zu einer asiatischen hochzeit...
als wär´ sie die braut ...ist sie's denn ... ?

...in ihrer nabelmulde tanzen seltsam
schwerelos fasertierchen & sie sagt mir
wie sehr sie meine stimme erregt & macht
eine bemerkung über meine schlanken
hände ... ihre sind groß fleischig und nicht
zu warm   ich fasse beide... es ist ewigkeiten
einen menschen   e i n e   f r a u   berührt zu
haben   ...   e w i g k e i t e n ...

mein ICH   ist vorausgegangen

\> ...mocht´ sein
...sich schicksalswendende kraft anzueignen

der ich bin   eben noch   hält Anjas hände
fasst sie fester   und sie meine ...
wir fühlen uns durch den anderen
    ich weiß   s i e   w e i ß
and´re war´n zu fragen   \> ...und :
wen fühlst du ?   DICH ...oder mich   ?
und dann geht sie zu ihrem wagen ...

prall & sicher zu jung

\> they drivin' gypsy cars
but they're thinking like a truck   *John Cale*

\> ...keine angst davor welch ungeheuer wir
sein können   angst davor
wie schön   wie großartig wir sein können

Nelson Mandela

Dalma war müde die letzten tage
im alten casino   wurf inkonstanz
sie zerficken deine ganze sozietät
natürlich nur   wenn du nicht zuhause bist

die wege zueinander   enden anden grenzen
des eig'nen vorteils

irgendjemand schreibt etwas
Franzobel Kehlmann Schuh
systemratten / lieferdatum.fließband
L e m u r e n meinte Claus Peymann
   ...achja, & milliardensubventionierte HOCH" kultur " :
>> ... der vogelfänger binichja, stets lustig heissa hopsasa ... <<

eine kluge zeit   ist nichtmehr
tausend schritte   ohne sinn

> ...altern heißt wiederholung
abstumpfung / desillusionierung / siehe

 der tod : ist eine wunderbare institution

Peter Stein
(*Die Sache Makropulos / Leos Janácek*)

> der suizidär blickt auf eine welt die
abgelebt ist   zukunftslos   kein ziel
(heißt nicht das er keins mehr hätte
sie intressieren bloß nicht mehr) nur eines
lebt : die bekräftigung des freiheitsaktes

Jean Améry
Auschwitz / Mittelbau Dora / Bergen Belsen
KZ Nr.: 1 7 2 3 6 4

das richtige   im falschen   bleibt richtig .

   all diesjedoch zumiresjeznochleid   honorarlos .

                      d e a t h ´ s   a l i v e

> ...auf dem boden tote engel verstreut

Blixa Bargeld

& Gabriele macht es mir französisch am
parkplatz ... im betan werden sinn'ich über
ein werk ob der details von
hinterbacken(verformung
in verschied'nen gewändern ...wie 17 in der
engen jean   wie 70 im zu weiten rock ...
...und über Adelheid   die mich 32 tunnels
lang in ihren zungen hatte... sich von ihrer
klaustrophobie ablenkend ... von der còte
d'azur zurück **...das war ein kunstwerk**
...über endlose kilometer ließ sie mich nicht
kommen ::: & *e i n e* nanosekunde länger ...
... vor irgendeinem österreichischen
scheißbergtunnel bremse ich rechts ran

was für ein kunstwerk sie tat mit ihren
unvergleichlichen zungen

!!! w a s   f ü r   e i n   k u n s t w e r k !!!

und doch :
85 % aller wissenschaft forscht an der
entwicklung von waffensystemen
              der tod   wiegt schwerer sich
                in jedem denken   jedem tun
schutz der rüstungsstandorte

eine sehrlange sehr sehr gute zeit für den
steuerzahler
innenverchromung von geschützrohren
neuausrichtung kein thema

die gewalt   ist die schwester der gier
aus egomanie und eitelkeit in die gewalt
mittenhinein   hazy conditions
gewalt.   zyklisch aufgequirlt
                           fresh poison every day

>   der geist
ist im arschloch der schöpfung eingekapselt

Henry Miller

lest euch in aller ruhe ruhig die augen wund

> ...das schöne   ist denn nichts
    als des schrecklichen anfang   *Rilke*

und an dieser stelle :   gutenmorgen

" realität " ist interpretation von etwas
das magsein zu erfahren ist   wenn es gelingt
sich ausreichend zu biegen   eben das
ist jenes böse spiel der götter mit uns
und seitdem knabbern wir nicht mehr daran
herum   alles   ist bloß angelpunkt :

begegnung   konfrontation   interpretation

> wir   müssen uns biegen   *matrix*

> wer gefoltert wurde bleibt gefoltert
                            Jean Améry

> alle erscheinungen   sind zeichen
        anderer erscheinungen   *Novalis*

Karl   ethik herzensbester

Cara   Tom

Ich mein strohhalm aus stahl

& allihr andren weiten seelen
oder am weg dahin   **ihr** von großer ART

wie unklang / lasierend   und doch
wie profund ist ein *D a n k e* für alldie
inspirationen an diesem augenblick der zeit

und den Ewa´s ...? ...den toxoplasmen ...?
...nun, ihren " entgegnungen " betreff
ist eines am masterplan wohl sehrst zu
schätzen :

> es lässt sich nicht mit toten reden   *Améry*

> ...and i see your blue eyes
   and i want to paint them black ...   ...

      > alles ist vergiftet .   *Dota*

inkurabel

> DMD KIU LIDT   *Ja, Panik*

> und alles wird immer dööfer ...
                             Harald Schmidt

4 s ä t z e
das m a n d a l a des dieszeitlich relevanten
shoppt euch tot   .

tja, ..& all der andre undekorative wahnsinn
okkupiert sublimeseelen
ertränkt sich in v e r d i c h t u n g
...bodensee badewanne sonstwo .

der irgendwann ich war   warmal drüben
OUVERTURE : s a p h i e r e n e s   l i c h t
" sterben " :   galaktisch   phänomenalst
das exquisiteste das einem passieren kann
im " leben "   . der ich war   (am   weg

  > ...da tod   is nur a wurt .   *André Heller*

und <u>DA</u> haben wir dann doch etwas
gemeinsam, dieses : noch einmal ZURÜCK

Gabriele :
keine zeit um logozentrismen zu sezieren
keine systemtheoretischen betrachtungen...

die gehirnforschung beschreibt acht
verschiedene ICH zustände
ich selbst ging unterst   in mantras aus
Hamlet   und einer art sucht
nach Gabrieles altem hintern

ja   weil ihre augenlider so schön fallen
wie flügel des bezaubernsten tropischen
schmetterlings
ein schimmerling von Venus
                                 sich herabsenkt

so alt sie sein mag   so bauchgebläht sie mit
ihrem ego herumparadiert   scheißegal
... ihre hände   ihre lider
das geburtsdatum irrelevanter als irrelevant
oh
ahh
doch auch kein grund zu bleiben
schmetterling   allderenschönste

LOU REED in Berlin
senke   kraft schöpfen

den dreck   sich im dreck suhlend
sich überlassen

sie   und keine von ihnen versteht das ziel
wahrhaftigkeit
des wahrsten möglichstes   das w o r t

nirgendwo anders ist zu leben
nirgendwo anders will jemand leben
nirgendanderswo wär ziel

dazu   sind wir angehalten

der ich bin ist seltsam nachhaltend berührt...
Gabriele
ich würd'sie knallen bis in den irrsinn
und sie mich auch   wir wissen es

drauf geschissen   nicht nochmal .

wieviel zeit verwendet   von dem der ich bin
mir kein bildnis mehr zu machen
inmittenhier des paradoxen

jeder für sich ...doch ...wie oft fühlt jemand
uns´ren blick am straßenrand... oder du den
seinen /ihren durch die windschutzscheiben

...und seelen blicken unverwandt
im vorbeifahren
...sich in verwandte seelen...

      durch alle wesen reicht der raum

das ding heißt SUICIDE
da ist kein gedanke   an tantiemen

allen göttern sei dank
in todes seyn   er *ihnen* gleich

schließen sie die augen   wie sonst wollen
sie sehen > sie zweibeiniger stoffwechsler

Herbert Müller - Guttenbrunn

> nachher werde ich lachen
   das ich es nicht begriffen habe

Jörg Mauthe

> ...es ist nichts verborgen
     das nicht sichtbar werden wird

Klaus Kinski / Erlöser

euch zu sagen bleibt   das ANGST   euer
a.l.l.e.s   beding.<u>ende</u> ist

> verdrängt es nicht
>   wie diese komischen halbtoten

fight club

> break on through to the other side

Jim Morrison

> die fähigkeit   was ohne bedeutung ist
> wegbleiben zu lassen

fight club

> selbstverbesserung ist masturbation
> selbstzerstörung hingegen ...

fight club

> erst wenn wir alles verloren haben
> haben wir die freiheit alles zu tun

fight club

und das es kein leben gibt im wahren
miteinander ist illusion
menschen niejemals mehr
als statisten der " eignen welt "

selbst hinrichtung   bei vollstem bewußtsein
sich nicht danach   sich da h i n
aus z u r i c h t e n : denn die frage heißt
eventuell dann doch : wo **zu** ? und wo zu
heißt einmal : wo zu denn h i n

die alten yogis sprechen von hierarchien
in den parallelwelten   ... dumm wie hier ?
Swedenborgs entsprechungen wabern mir
sympathischer an   das kokain der kokaine
zu allen quadraten der quadrierungen ihrer
selbst   der zaubergeruch von ölfarbe
...er wird wohl auch in den entsprechungen
das abwesen pflegen   .

MONATE SPÄTER

fand der eben noch ich war   den beginn
eines endlosgedichtes   hier ist es :

endlosgedicht / entkommen : dem kotring meiner herzen

die abgeschiedenheit des raumes wird zur
wahrhaftigkeit der rede
hiersein   schweben in verstöbernis
neotitanen   die selbsternannz   denkt sich
uns´re wunden   im voran präzis

die welt   ein korrupter schatten der ideale

> ... wer sterben lernt´
   kann nicht mehr dienen   *unbekannter Autor*

die sich sehnen des regens leises trommeln
unter die haut zu fühlen
ans gebein   ...sich schüttern lassen wollen
die nicht bloß nass werden

denenvon abgesehen ...
da huschen sie   egomanieverschlossen
vorüber und vorbei
echolos in allen ICHen
> ...byrds, lying butterflys   *BLOOM 05*
kategorisches desinteresse an reunion damit
vom kapitalheißen gift im augenblitz
der enthemmten gier   die in ihnen sich
vermehrend   wie alle wasser zu wein
und sie längst in elendsucht gebracht
> ... innerlich gefroren   *Georg Danzer*
dieses gift   war dem planeten letztes
abendmahl   ...und a l l e w i s s e n es

endfreie kataster dauerdeliraler endhimmel

an der feuchtheißanimalischextatischen
geilheit ist nichts mehr   . affige tautologien
selbst Maria ... in wahrheit : a t t r a p p e
    e i n e r l ä n g s t t o t e n i d e e

poems end   .

was einst mich anzog unsagbar *eben d i e s*
treibt mich mit freud´heuthiernun   am weg
das sprechen   mein gehirn   verstummt

> our thoughts are ours ;
             their ends none of our own .

             William Shakespeare / Hamlet

wissend sprache wär nun nicht das ultimat
an deskriptivem   mit was denn sonst wär
ein noch tief´res ahnen zu beginnen ?
gemalt ist e s doch a l l e s l ä n g s t

" Der Teigesser "   *Arik Brauer*

  Yves Klein´s blau

... misst´ ich selbst denn nochetwas
   mittig dies profuser redundanz   ?

  Adrienn   s y l p h e

> genug ist nie genug   *Konstantin Wecker*

> genug, ist genug . irgendwas fehlt immer .

katamnese : *e x e s t*

> ... a new day will dawn
  for those   who stay long
        stairway to heaven / Led Zeppelin

am rand der zeit wird jedem klar :
die strafe der götter sind : **w i r**

keine zeitmehr . z e i t m e e r kein´s mehr

> ... when everything is done
    ...and nothing is undone   *mr. B*

> you can hear the hell bells praying
 and the morning sound is out of sight
        NICO

> ich sehe den tod überhaupt nicht als ende
ehender so   wie wenn man von einem
wagen   in einen anderen umsteigt ...

...dann stieg er in seinen rosafarb'nen Rolls
und fuhr hinaus   aus 16 millimetern s/w

John Lennon

> death can really make you look like a star

A. Warhol / 1981

> wo die schuld ist   mag das strafbeil fallen

W. Shakespeare / Hamlet

> wer wirft den letzten stein   ?

Michael Stipe / R.E.M.

e c h o ...

...dort war ich   i c h ..?

...der   ...ES   ....der " ICH " war

 die zeit   ist nichts
...nichteinmal   " ruht sie in sich "...
wie dieses " ICH " es " d o r t " formulierte

es gibt sie nicht   die zeit   nur ewigkeit
kein schauen   nur s e h e n

durch alle wesen reicht der raum

ein raum

seele   und raum   sind eins

...nach dem l i c h t   das weder silbern
noch gülden   weder heiß noch hell
am ehesten saphieren & wohlsttemperiert

man selbst ist... ...da reiste der rest meiner
eine unbestimmte " zeit " noch über die
erde... ...mag sein es waren jene vier tage
von denen die Indians sprachen...

ich sah in milliarden jahre
und ich sah : ***kot***

scheiße   und leichen   vergoren zu
kot

scheiße und leichen   endlose scheiße
endlose leichen

mammuts salamander biber
menschenkinder antilopen frauen männer
kot

die erde ist aus jahrtrilliarden l e i c h e n
und deren kot

der " ICH " war   und ihr alle
wir gingen über endlose leichen
wir stapften durch kot
aßen getreide
gesprossen aus heeren von leichen
gesprossen aus kot

alle früchte   sind leichnam & kot

erde ist kot

                        a l l e e r d e n sind k o t